SOCIÉTÉ PHILANTHROPIQUE.

COMITÉ D'ADMINISTRATION.

Séance du Vendredi 12 Juillet 1850.

RAPPORT

Lu par le Docteur ROUSSEAU,

VICE-SECRÉTAIRE DE LA SOCIÉTÉ PHILANTHROPIQUE,

AU NOM DE LA COMMISSION CENTRALE DES SIX
DISPENSAIRES,

A L'OCCASION DU REMPLACEMENT

De M. le Professeur MARJOLIN,

COMME CHIRURGIEN CONSULTANT

ET

De M. le Docteur BARON,

EN QUALITÉ DE MÉDECIN-CONSULTANT DE LA SOCIÉTÉ.

*(Le Comité d'Administration a décidé que ce Rapport
serait imprimé et distribué aux Membres de la Société.)*

PARIS, IMPRIMERIE DE WITTERSHEIM,
8, Rue Montmorency.

1850

SOCIÉTÉ PHILANTHROPIQUE.

CONSEIL D'ADMINISTRATION.

Séance du Vendredi 12 Juillet 1850.

RAPPORT.

Ce n'est pas seulement au sein de la Société philanthropique que la mort de M. le professeur Marjolin et de M. le docteur Baron a laissé de profonds, d'unanimes regrets; leurs noms étaient connus de tous, universellement honorés, et ils ont reçu de la reconnaissance publique le tribut d'hommages et de respect qui leur est dû.

Ils étaient tous les deux attachés, l'un comme chirurgien consultant et l'autre comme médecin consultant à la Société philanthropique; ils y avaient parcouru tous les degrés de la hiérarchie médicale, depuis le titre d'adjoint jusqu'à la haute position qu'ils avaient conquise par leurs éminentes facultés, par un travail opiniâtre et un dévouement sans bornes aux devoirs de leur profession. La Société qui les a vus naître à la science, pour ainsi dire, qui les a vus d'année en année s'élever et grandir, a été pendant quarante ans témoin des succès légitimement obtenus par eux; elle a pu non-seulement joindre son approbation et ses encouragements à ceux qui leur ont été prodigués par leurs contemporains, mais encore se féliciter elle-même de leur élévation à laquelle elle avait honorablement contribué pour sa part.

Ce fut toujours un insigne honneur pour la Société philanthropique d'attirer à elle, de posséder comme médecins et chirurgiens consultants les hommes les plus illustres, ceux qui jetaient le plus vif éclat sur une profession qu'ils enrichissaient de leurs travaux.

C'est ainsi que, peu de temps après le 6 prairial de l'an xi, époque de l'ouverture des dispensaires, le jour que, dans une séance publique présidée par M. de Pastoret, le vénérable M. Deleuze, prenant la parole après M. Mathieu de Montmorency, rendait compte de l'installation encore récente des cinq dispensaires, on ne pouvait dès lors, sans éprouver un sentiment voisin de l'admiration, jeter les yeux sur le personnel médical dont vos prédécesseurs avaient eu la noble inspiration de composer les services organisés par eux.

Là, effectivement, figuraient les Corvisart et les Boyer, les Lassus et les Percy, les Hallé et les Pinel, les Pelletan et les Dubois, une pléïade d'hommes célèbres qu'on doit s'honorer profondément toute sa vie d'avoir eus pour maîtres.

Vous avez suivi fidèlement, Messieurs, les salutaires exemples qui vous ont été transmis par vos devanciers ; et aujourd'hui qu'il s'agissait de donner à MM. Marjolin et Baron des successeurs dignes d'eux, vous avez voulu, restant fidèles à de précieuses traditions, que votre commission centrale des dispensaires vous soumît d'abord un travail à ce sujet ; c'est à la volonté de cette commission que je dois l'honneur de remplir devant vous une tâche bien imposante pour moi, et qui contraste beaucoup, permettez-moi de le dire, avec mon humble position.

Avant que j'aie l'honneur de vous entretenir des candidats dont les noms, bien connus, seront tout-à-l'heure prononcés devant vous, il me serait impossible de ne pas vous parler encore une fois de deux hommes si dignes de servir de modèles à leurs successeurs, et qui ont appartenu, pendant plus de quarante ans, à votre utile institution.

Il ne peut pas être ici question de vous exposer en détail la belle carrière parcourue par M. Marjolin ; c'est au sein de la Faculté, où pendant trente-un ans il a fait entendre à un nombreux auditoire les plus sages préceptes, les meilleures théories de la chirurgie ancienne et moderne ; c'est à l'Académie de médecine qu'il se trouvera des hommes compétents pour traiter une pareille matière, et qui pourront, en termes dignes de lui, parler de son mérite, de ses travaux et de son caractère. Il nous suffira, à nous, de jeter modestement un coup d'œil rétrospectif sur les services qu'il a rendus à la Société philanthropique, et cet examen nous ramènera, sous plus d'un rapport, à des souvenirs qui ne sont dépourvus ni d'intérêt ni d'utilité.

C'est en 1805, dans la quatrième année de la Société philanthropique restaurée, que l'on voit paraître pour la première fois, dans vos annuaires, le nom de M. Marjolin ; il y venait modestement prendre place comme chirurgien adjoint après M. Ribes. C'est de lui que M. Marjolin nous disait un soir, à la sortie de son cours, il y a de cela trente-six ans : « Je crois que Ribes sait mieux l'anatomie que nous tous. » M. Portal l'ignorait moins que personne, lui qui, voulant écrire sur l'anatomie, a si bien utilisé les connaissances anatomiques de son jeune et savant confrère. Mais M. Ribes, médecin aussi modeste que distingué, est mort peu connu de ses contemporains, et son nom ne sera que rarement prononcé après nous. Quoi qu'il en soit, M. Marjolin, au cinquième dispensaire, trouva pour collègues, lui jeune débutant, des maîtres de la science, Antoine Dubois, Sabatier, Hallé, Bayle ; parmi les commissaires, MM. de Kergorlay frères et M. Mathieu de Montmorency.

Je ne quitterai pas cette époque de 1805, sans vous ramener, Messieurs, à un souvenir qui a quelque chose tout à la fois d'instructif et de touchant. Dans l'assemblée générale du 21 décembre de la même année, M. Husson, médecin savant autant qu'homme d'esprit, rendait compte, comme rapporteur et au nom de ses collègues, des travaux du service médical. Il se conformait, dans son rapport, à un usage respectable, qui n'a pas toujours été suivi depuis ; il faisait connaître à son auditoire la mort récente et prématurée du parent, du collaborateur, du successeur de l'illustre Bichat, de M. Buisson, enfin, médecin ordinaire du second dispensaire, sur lequel il s'exprime en ces termes : « Extrêmement religieux (c'est M. Husson qui parle), extrêmement religieux, M. Buisson crut apercevoir dans les écrits de Bichat, son maître, une tendance à expliquer tous les phénomènes de la vie par des causes purement physiques, en un mot, par le matérialisme, opinion diamétralement opposée à celle de Bichat. Ce fut pour lui une raison d'établir d'autres principes et de chercher à combattre ceux dont l'influence lui paraissait si funeste. C'est dans cette intention que, s'emparant de la définition de M. de Bonald : « *L'homme est une intelligence servie par des organes,* » il publia un ouvrage de physiologie dans lequel il fit preuve d'une grande méthode, de beaucoup de connaissances, enrichies du style le plus pur....... M. Buisson, dit un peu plus loin M. Husson, était d'une sensibilité extrême qui lui fit sentir trop vivement les malheurs publics de la révolution, et les tourments domestiques produits par la perte d'une fortune honnête ; mais il était plus affecté du chagrin qui accablait sa mère que des maux qui, chaque jour, le rapprochaient de la mort. »

Pardonnez-moi, Messieurs, cette digression. Quand on a l'honneur d'appartenir à une institution telle que la vôtre, on aime, en fouillant dans ses annales, à y trouver de pareils souvenirs ; et, quand on les rencontre, on s'arrête, on les contemple avec complaisance, avec bonheur, parce qu'ils constituent tout à la fois un titre honorable dans le passé, une précieuse leçon pour le présent, un salutaire avertissement pour l'avenir.

Telle fut, en 1805, la Société philanthropique ; tels étaient les auspices sous lesquels M. Marjolin y faisait son entrée à la même époque. Un an après, M. Lerminier, dans son rapport médical, lui consacrait le passage suivant : « Le service chirur-

gical a été fait d'abord par M. Ribes, dont les talents bien connus ont été réclamés pour la grande armée ; depuis son départ,
ce service est fait par M. Marjolin, chirurgien-adjoint qui, tous
les jours, répond par son zèle à votre confiance, et se montre
digne de l'école de médecine qui lui a accordé ses suffrages
dans plusieurs concours publics. »

L'année suivante, M. Ribes était revenu de la grande armée
avec la croix d'honneur, et le rapport annuel, que nous devons
à la plume exercée de M. Bayle, signale d'heureux cas de pratique au profit des malades traités par M. Marjolin en l'absence
du chirurgien titulaire. Saluons en passant, et avec respect,
cette belle renommée de M. Bayle qui sera bientôt, et de même
que M. Lerminier, attaché comme médecin à la maison de
l'empereur, par le choix de Corvisart. Les intérêts de la médecine se trouvaient alors entre les mains de Corvisart, qui était
le médecin Philippe d'un autre Alexandre.

En 1808, au mois de mars, M. Ribes, nommé chirurgien de
la maison impériale, part pour l'Espagne avec l'empereur.
M. Marjolin, qui lui succède comme titulaire, signale ses services par plusieurs opérations chirurgicales qu'il pratique, non
moins que par les succès qu'il obtient dans le traitement de
plusieurs maladies fort graves et très-souvent mortelles. C'est
ce que constate le rapport de M. Foureau de Beauregard, qui
sera lui-même, un peu plus tard, attaché comme médecin à la
cour impériale.

Dans cette même année 1808, les médecins et chirurgiens
consultants cessent d'appartenir exclusivement à l'un des cinq
dispensaires. A partir de cette époque, ils forment une division
à part à la tête du service médical, et nous voyons que tout
d'abord cette glorieuse phalange se composait de MM. Corvisart, Bourdois de Lamotte, Hallé, Pinel, Boyer, Deschamps,
Dubois, Percy et Sabatier ; M. Dupuytren, jeune alors, n'y prit
place que quelque temps après.

En 1809, M. Marjolin paie douloureusement son tribut à la

nature ; il est atteint, dans l'exercice de sa profession, d'une fièvre putride maligne, aux dangers de laquelle il n'échappe que pour entrer dans une convalescence qui dure trois mois. Malgré ce revers, il n'en obtient pas moins de nouveaux succès qui sont mentionnés dans le rapport de M. le professeur Roux, que le troisième dispensaire possédait alors comme chirurgien ordinaire.

En 1810 se présente un fait digne d'intérêt, et qu'on voudrait voir se reproduire plus souvent. M. Marjolin traitait dans son dispensaire un enfant de 9 ans, affligé d'une profonde carie au genou. Divers traitements, conseillés par les plus habiles chirurgiens, étaient restés sans succès, et l'amputation de la cuisse fut enfin jugée nécessaire. M. Marjolin la pratiqua à l'hospice de perfectionnement. M. le professeur Dubois, chirurgien en chef, y reçut le jeune malade dans son service, et pendant l'opération, qui fut faite sous ses yeux, il servit lui-même d'aide et de second à M. Marjolin, qui n'a jamais manqué, dans la suite, de rendre à ses jeunes confrères le même service avec empressement et bienveillance.

En 1811, au cinquième dispensaire, on le voit, entre autres cures, opérer et guérir, d'une fistule à l'anus, un jeune garçon de 4 ans, traiter avec le même succès, d'une fracture de la clavicule, une petite fille de 3 ans ; puis un malade, atteint d'un engorgement de l'articulation du bassin avec la cuisse, engorgement accompagné d'allongement du membre ; 16 vésicatoires et un traitement anti-scrofuleux énergique contribuèrent efficacement à la guérison de cette grave maladie.

Je devrais, m'arrêtant ici, ne pas étendre davantage ce résumé que je me suis fait un devoir de mettre sous vos yeux ; mais je ne puis guère me dispenser d'ajouter encore que M. Marjolin, accomplissant une à une, et sans exception, toutes les obligations que comportait son titre de chirurgien de la Société, reçut de ses collègues la mission d'exposer, en Assemblée générale, le résultat de la pratique médico-chirurgicale dans les dispensaires, pendant l'année 1813.

Il occupait à cette époque un rang éminent dans l'enseignement particulier de l'anatomie et de la chirurgie ; il avait paru avec un succès dont on n'a pas encore perdu le souvenir dans ce brillant concours où de nobles rivaux se disputaient la chaire de médecine opératoire, devenue vacante par la mort de l'illustre Sabatier, et il était sorti de la lutte couvert de gloire pour avoir pu disputer de si près la victoire à un adversaire tel que M. Dupuytren. Il avait donc conquis la plus belle réputation quand il vint, le 21 mai 1814, présenter en séance publique le rapport dont l'avaient chargé ses collègues.

De grandes calamités avaient pesé sur la France, le travail avait manqué à la fin de 1813, et, au commencement de 1814, l'hiver avait été rigoureux ; la guerre avait envahi la France, livré à la coalition sa capitale, dans l'enceinte de laquelle s'était développée une épidémie meurtrière de typhus ; la Société philanthropique avait redoublé de zèle. Les abattoirs, les hospices de la vieillesse, la Salpétrière, par les soins du gouvernement, avaient été transformés en hôpitaux militaires. Là régnait le typhus, et plus d'une fois, maîtres et élèves avaient succombé au poste assigné par le devoir. M. Marjolin avait été chargé d'un service important à l'hôpital de la Salpétrière, où il donnait à tous l'exemple du dévouement sans faste et du courage sans ostentation.

Dans ce même hôpital, les docteurs Savary, Serin, Duval d'Alençon, et d'autres encore, furent atteints du typhus, et payèrent de la vie leur zèle à soigner nos soldats blessés que décimait tous les jours l'épidémie régnante.

Il est curieux, quand on est imbu de ces notions préliminaires, de lire le rapport de M. Marjolin, modèle de clarté, de simplicité, et j'ajouterai de modestie dans une position telle que la sienne. Il parle du fléau dont il a bravé les atteintes pendant plusieurs mois, mais pour dire que son collègue,

M. Guilbert, a été frappé en donnant des soins à un malade
de la Société philanthropique nommé Dutoi, et que M. Guilbert a été guéri par les soins du savant et vénérable professeur
Hallé.

Il est bien obligé de mentionner ses propres malades, mais
il se contente d'une simple énumération ; puis il formule en
quelques mots, les plus simples que l'on puisse trouver, une
règle fort importante de pratique, qu'il exprime ainsi :
« M. Marjolin a constaté sur plusieurs malades l'utilité des
piqures très-étroites, faites de bonne heure aux abcès scrofu-
leux, pour prévenir les cicatrices difformes, qui sont presque
toujours la suite de l'ouverture spontanée de ces dépôts. » En
parlant ainsi il parlait à la façon d'Hippocrate ; il se conformait
à la doctrine de ces anciens philosophes qui se montraient plus
jaloux d'indiquer brièvement des idées encore nouvelles, que de
s'appesantir sur des idées communes. Mais la preuve qu'il appré-
ciait toute l'importance du précepte formulé par lui, c'est que,
deux ans après, M. Fizeau, obéissant à son inspiration, revient
en son nom sur le même sujet, et s'exprime en ces termes dans
un nouveau rapport annuel : «M. Marjolin a encore constaté cette
année, par de nouvelles observations, les avantages qu'on obtient
en ouvrant par ponction les dépôts froids des glandes lympha-
tiques et du tissu cellulaire. On prévient par cette méthode
des cicatrices difformes, et on accélère la résolution des du-
retés qui forment la base et la circonférence de ces tumeurs. »

Il n'était pas sans intérêt, selon moi, de jeter un coup
d'œil sur ce rapport, parce que, aujourd'hui encore, il peut
être utilement consulté ; parce que, étranger à toute préoc-
cupation accessoire, il est entièrement consacré à la pratique
de la médecine et de la chirurgie, ne renferme aucune géné-
ralité vague et oiseuse, et qu'il s'y trouve un excellent précepte de chirurgie que peu de personnes s'aviseraient d'aller
y chercher.

Quelques années après, en 1818, M. Marjolin reçut enfin la

plus belle récompense de ses travaux et de ses services, il fut nommé professeur de pathologie chirurgicale à la Faculté de médecine. Comme il était devenu déjà, par la voie du concours, chirurgien des hôpitaux, il dut cesser d'appartenir an service actif de la Société philanthropique, de même qu'il renonça à l'enseignement particulier de l'anatomie et de la chirurgie, à cet enseignement qui a fait sa réputation, et qui lui a ouvert largement le chemin de la fortune.

Le vieux Nestor disait aux jeunes Grecs assemblés sous ses yeux : « J'en ai connu jadis qui valaient mieux que vous. » Dieu me préserve d'une pareille irrévérence ! Mais je crois pouvoir dire, sans trop de témérité, aux jeunes et brillantes générations qui nous poussent devant elles, qu'on ne se fait plus une idée bien complète de l'éclat que jetait autrefois l'enseignement particulier des sciences médicales, considéré depuis Bichat, Boyer et Dubois, jusqu'à leurs derniers successeurs les Roux, les Marjolin, les Béclard, les Magendie, les Orfila, et d'autres encore. Les cours de M. Marjolin, entre tous, ont toujours joui d'une grande popularité. Des milliers de médecins, qui avaient été ses élèves, répandaient partout sur leur passage l'expression de leur reconnaissance pour un maître si habile et si bienveillant ; telle est la principale, la plus belle source de sa grande célébrité.

Pendant plus de quarante ans, il a joui de sa renommée et de ses succès. A lui ne peut s'appliquer ce que dit Fontenelle dans l'éloge de Tournefort : « L'approbation des hommes est quelque chose de forcé et qui ne demande qu'à fuir. » Cette approbation éclairée et consciencieuse qui constitue la seule popularité digne d'envie, il l'a conservée jusqu'à son dernier jour ; et, ce qu'il y a de plus admirable dans une si belle carrière, c'est qu'il n'a jamais eu, que je sache, ni ennemis ni détracteurs. Enfin, il a goûté un bonheur réservé ici-bas à un bien petit nombre de mortels privilégiés : la nature n'est pas venue, au sein de sa famille, confondre, lui vivant, les dates,

intervertir les rangs ; il n'a eu à deplorer la perte d'aucun| des
siens, et il n'a pas subi le cruel supplice d'assister aux funé-
railles de ceux qui, par leur âge, étaient destinés à lui sur-
vivre.

L'exposé qui précède, Messieurs, les réflexions qui l'accom-
pagnent, suffisent pour montrer quelle importance la commission devait attacher à la mission que vous lui avez confiée.
Elle n'avait rien de mieux à faire, pour s'en acquitter digne-
ment, que de s'inspirer de M. Marjolin lui-même. Parmi les
élèves qu'il affectionnait le plus, il en est un qu'il distinguait
entre tous, qui, par sa capacité et par son travail, est devenu à
son tour l'un des maîtres de la science : c'est M. Laugier, professeur à la Faculté de médecine. Il porte, vous le voyez, un
nom déjà connu dans les sciences. Son père, élève et parent
du célèbre Fourcroy, qui l'avait associé à ses travaux, fut professeur de chimie au Muséum d'histoire naturelle, occupa avec
honneur pour lui-même et profit pour ses auditeurs, la chaire
qui avait retenti longtemps de la voix éloquente de Fourcroy.
M. Laugier fils, que la commission vous propose de nommer
chirurgien consultant de la Société philanthropique, s'honore,
de plus, d'avoir pour frère un membre de l'Académie des
sciences, qui siége à l'Institut dans la section d'astronomie. Il
est bien digne de cette triple parenté, car il doit tout à son
mérite personnel et à son travail. C'est au concours qu'il est
redevable de la place qu'il occupe comme chirurgien en chef
dans les hôpitaux ; c'est encore un long et brillant concours
qui lui a donné la chaire de professeur où il remplace digne-
ment ceux qui l'avaient occupée avant lui.

En faisant un pareil choix, le comité d'administration mar-
chera sur les traces de ses prédécesseurs et se montrera fidèle
à de belles et honorables traditions.

Il vous reste encore, Messieurs, à pourvoir au remplacement

de M. Baron, qui, voué particulièrement au traitement des maladies de l'enfance, a laissé de bien précieux souvenirs dans la carrière qu'il a parcourue avec tant de succès.

M. Baron, anatomiste consommé, muni de fortes études médicales, éprouvé par plusieurs concours, et devenu par cette voie prosecteur à l'École de médecine, pour les études anatomiques, n'avait pas encore fait un choix spécial, lorsqu'une circonstance, pour ainsi dire fortuite, vint décider de sa vocation.

Il y a trente-six ans, le service médical de l'hôpital des Enfants était confié à deux praticiens renommés, M. Montgenot et M. Jadelot, qui est probablement, après cinquante-neuf années de doctorat, le doyen de la médecine française.

Une maladie de M. Montgenot, bientôt suivie de sa retraite, fut cause que l'on chargea M. Baron de le remplacer dans son service, et à la suite de cet intérim, pendant lequel il se fit connaître sous les rapports les plus avantageux, il fut nommé médecin en chef de l'hospice des Enfants-Trouvés.

Mais le grand bonheur de M. Baron est d'avoir appartenu à la Société philanthropique, car cette circonstance est devenue pour lui une source d'honneur, de gloire et de fortune.

Il était entré comme adjoint au premier dispensaire vers l'an 1807, et ce ne fut que dix ans plus tard qu'il devint titulaire au quatrième dispensaire. C'est là que lui fut tendue une main auguste et puissante qui le fit monter tout de suite au premier rang, où il a su justifier un pareil choix.

M. le duc de Berry était un prince généreux et plein d'humanité. On aurait pu dire de lui ce que le sire de Joinville disait de son aïeul, qu'il avait *le cœur doux et piteux aux pauvres.* Quand notre excellent maire du premier arrondissement, M. Lecordier, faisait un appel à sa bienfaisance, en faveur des indigents, il recevait cette réponse : « Ne m'épargnez pas, Monsieur le maire, je suis un des plus riches de vos administrés. » La Société philanthropique était devenue pour le prince une seconde famille ; il la présidait en personne tous les ans, et c'est ainsi qu'il connut personnellement M. Baron, qui avait été chargé par ses collègues de présenter en leur nom l'exposé des travaux du service médical pendant l'année 1818. A la suite de cette séance, celui qui avait rempli les fonctions de rapporteur fut présenté, par M. le duc de Berry, au roi Louis XVIII, qui l'agréa comme médecin des enfants de France.

Est-il nécessaire de rappeler les bienfaits que répandit le duc de Berry sur la Société philanthropique? Vos annales sont là qui parlent avec plus d'éloquence que tous les discours du monde. Il donnait à la Société près de 10,000 francs par an ; sa famille suivit pieusement son exemple, qu'elle considéra comme un glorieux héritage, en sorte que, dans l'espace de quatorze ans, plus de 123,000 francs ont été versés dans la caisse de la Société philanthropique, tant par M. le duc de Berry que par sa veuve et ses enfants. Ce n'est pas tout encore; les autres membres de la famille royale, grâce à ses instances. s'associèrent à ses bienfaits, et une autre somme de 123,000 francs, donnée par eux, fait monter à 246,000 francs les libéralités de ces princes, que personne n'accusera jamais de manquer de charité et de ne savoir pas faire l'aumône.

Tel est l'honorable patronage qui plaça M. Baron au premier rang dans la carrière médicale, et pendant près de trente ans, grâce à cette haute clientèle, il partagea avec M. Guersant la confiance, la faveur tout-à-fait exceptionnelle du public éclairé, dans le traitement des maladies de l'enfance.

Ce n'était pas, Messieurs, une tâche difficile pour la commission de vous présenter, en remplacement de M. le docteur Baron, un médecin digne d'être accueilli par tous comme son successeur.

MM. Guersant et Baron, disais-je à l'instant, se sont partagé pendant plus de trente années la confiance publique et l'estime de toutes les classes de la société. N'existe-t-il pas un médecin qui a recueilli en grande partie le double héritage laissé par eux ? La réponse n'est pas douteuse, et il faut dire de plus qu'il a longtemps vécu au sein de la Société philanthropique, où il figure encore en qualité de médecin honoraire. En désignant M. le docteur Blache pour remplacer M. Baron, vous ne ferez que suivre, je ne dirai pas l'opinion publique, mais la voix d'un public intelligent et bien inspiré, qu'il faut écouter avec respect quand, par hasard, elle se fait entendre.

Votre commission se flatte bien sincèrement, Messieurs, qu'en approuvant les choix qu'elle a l'honneur de vous proposer, vous remplacerez de la manière la plus profitable pour la Société philanthropique les deux hommes si distingués qu'elle a perdus. Ils ont, l'un et l'autre, fait de la science l'emploi le plus utile à leurs semblables, et par conséquent le plus sage ; ils ont passé leur vie à soigner, à soulager, à consoler l'humanité souffrante. Ils ont parfaitement connu les limites qu'il n'est pas donné à la science la plus consommée de franchir, et les régions dans lesquelles le savoir le plus orgueilleux fait preuve plus souvent de pauvreté que de richesse.

Dans tout ce qui tient aux affaires de ce monde, ils ont montré la même retenue, la même modestie. Ils se réservaient sagement la science qui éclaire, celle qui féconde, qui vivifie tous les germes de l'intelligence, et n'aspiraient nullement à s'appauvrir de cette autre science qui brave les leçons de l'expérience, et qui se fait un jeu, selon l'expression du vieux Balzac, de *déposer sans cesse* contre la raison. Cette dernière science, dit Pascal, est celle des hommes qui *font les entendus*, qui *troublent le monde,* parce qu'ils *jugent plus mal de tout* que le commun des mortels.

Un grand écrivain disait naguères dans ses Mémoires d'outre-tombe : *Pour mourir beau, il faut mourir jeune !* C'est une pensée d'artiste, pleine de poésie sans doute, mais passablement empreinte de coquetterie et de frivolité mondaine. Je ne craindrai pas de paraître prosaïque et vulgaire en disant que, pour mourir beau, il faut mourir avec la ferme résolution d'être utile à ses semblables jusqu'au dernier moment.

Une belle mort, c'est celle de M. Dupuytren quittant, presqu'au moment suprême, son lit de douleur, se rapprochant péniblement d'une fenêtre afin d'y voir plus clair et de donner en connaissance de cause des conseils à un malade qui venait faire un dernier appel à son incomparable sagacité et à sa haute expérience.

Une belle mort, c'est celle de M. Guersant, qui brave une vive souffrance par dévouement pour ses malades, qui ne quitte le dernier d'entre eux que lorsque ses forces physiques lui refusent tout appui, et ne consent qu'avec peine à gagner son lit, où il succombe à son mal peu de jours après.

Une belle mort, enfin, c'est celle de M. Marjolin. Il se sent atteint d'une maladie incurable et n'en continue pas moins à se prodiguer à tous. A ses amis alarmés, qui le voient se traîner péniblement à l'aide d'un gros bâton, il parle, pour les rassurer, de lumbago, de rhumatisme. Il apprend dans sa famille qu'un de ses anciens élèves, plongé dans l'affliction, n'ose, par discrétion, réclamer les soins du maître en faveur de sa femme mourante ; souffrant lui-même, il se rend spontanément auprès de la pauvre malade, se constitue, pour ainsi dire, l'adjoint du bon et respectable M. Guersant, l'assiste matin et soir, pendant quarante jours, de sa coopération, avec la plus grande sollicitude, et la dernière main d'ami qui presse la main de la pauvre agonisante, est celle de M. Marjolin.

Si le grand roi Salomon ne nous enseignait pas qu'il est déplaisant pour autrui de *parler de soi ;* si Pascal, qui est son glorieux plagiaire sur ce point, ne nous rappelait pas sans cesse que le *moi est haïssable,* je me serais fait un devoir de nommer cet ancien élève, qui conservera toute sa vie, pour son illustre maître, la plus vive affection, et, par dessus tout, une reconnaissance sans bornes.

Paris. — Typographie de Wittersheim, rue Montmorency, 5.